W0398622

Die vier fehlenden Teile ergänzen.

ABC-ZIRKUS

1

2

3

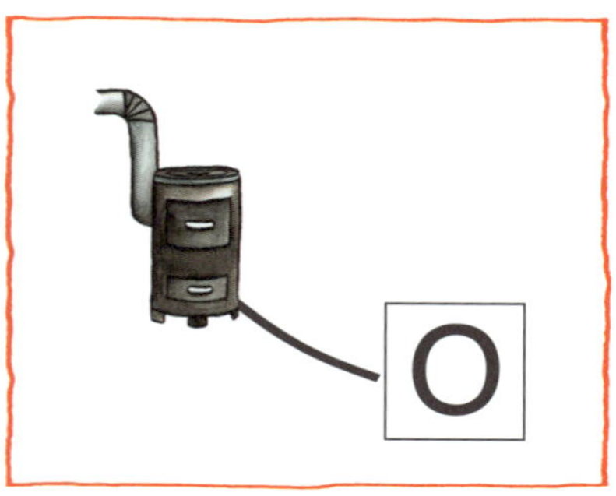

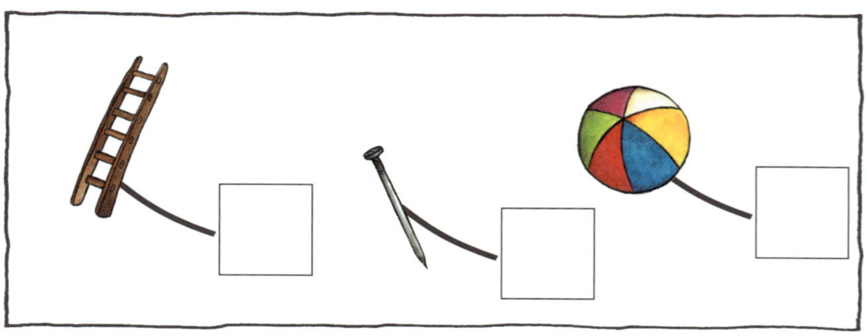

1 2 Buchstaben und Bild verbinden.

3 Anfangsbuchstaben im Buchstabenzelt suchen und in das Kästchen schreiben.

1

2

1 2 Buchstaben und Bild verbinden.

1

2

1 2 Jedes Kind hat zwei Ballons, die mit dem selben Laut anfangen. Schnüre einzeichnen.

1

2

1 2 Jedes Kind muss noch zwei Ballons mit dem gleichen Laut einfangen.

ABC-ZIRKUS

Würfelspiel für 2–4 Kinder:
Um die gewürfelte Zahl vorrücken, dann zum gleichen Bild vor- oder zurückspringen.
Auf leeren Feldern stehenbleiben.

Ee

1

2

1 Zu den Bildern die passenden Buchstaben suchen und schreiben.
2 Die Buchstaben in die Kästchen schreiben. Das passende Bild malen.

Ee

1

E  e 

   e

2

 e  

 e  e 

1 **2** Buchstaben aus der Anlauttabelle in die Kästchen schreiben, Bilder zu den Wörtern malen.

Ee

1

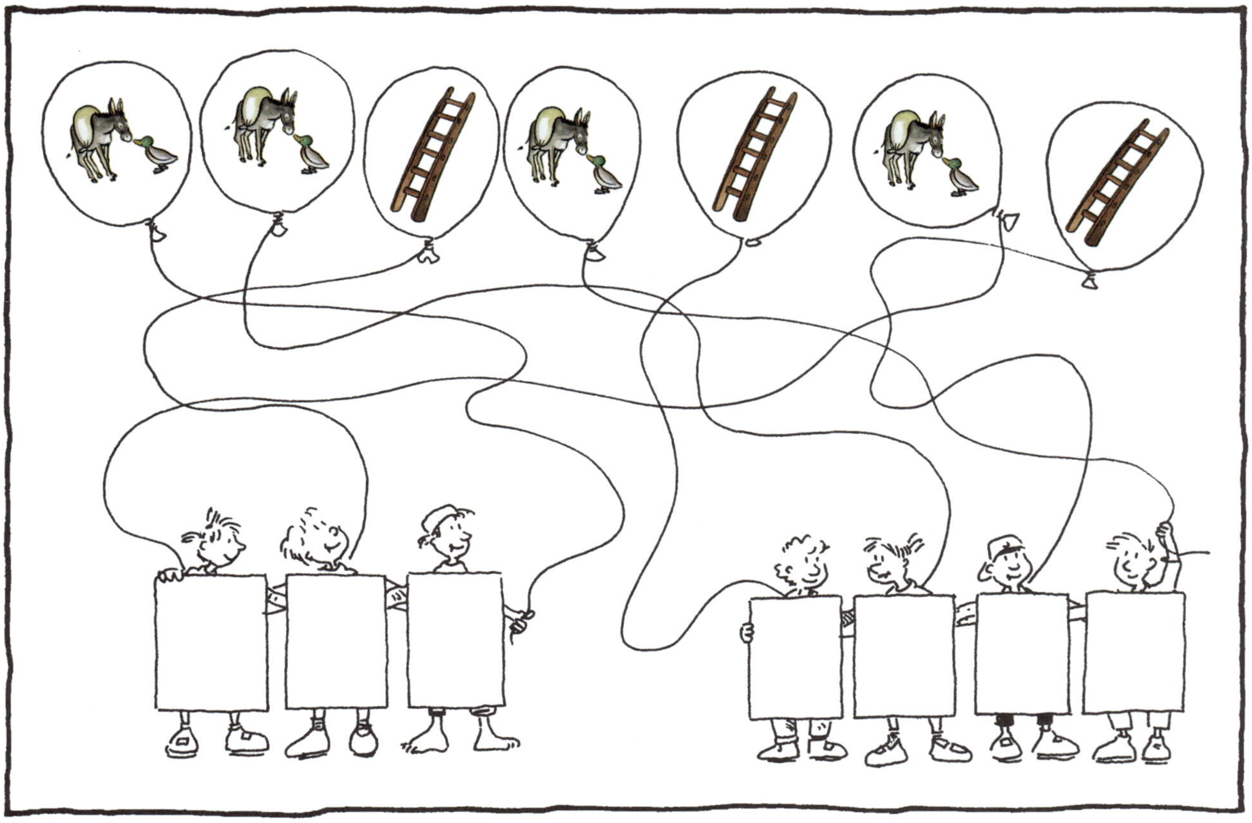

2

1 Buchstaben aus der Anlauttabelle in die Kästchen schreiben und Wörter lesen.
2 Die jeweils gleichen Elefanten verbinden (5 Paare).

ABC-ZIRKUS

Würfelspiel für 2–4 Kinder:
Um die gewürfelte Zahl vorrücken, dann zum Bild mit dem gleichen Anlautbild vor- oder zurückspringen.
Auf den leeren Kästchen stehenbleiben.

1

L e  → L e a

E  e l → ☐☐☐☐ ☐

L e 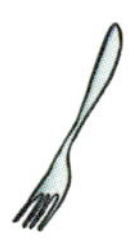  → ☐☐☐☐ ☐

2

E   e → ☐☐☐☐

L    → ☐☐☐☐

L   e → ☐☐☐☐

1 Buchstaben in die Kästchen schreiben, zu „Esel“ und „Lego“ Bilder malen. **2** Buchstaben in die Kästchen schreiben, Wörter und Bilder zuordnen.

Ll

1

 → | Sch | a | f |

 →

 →

 →

2

 →

 →

 →

1 2 Wörter schreiben mit den Anlautbuchstaben.

Ausschnitte im Bild suchen und die Ziffern dort eintragen.

Bingo für 3 Kinder:
Kind 1 spielt im blauen Feld, Kind 2 im orangen Feld. Kind 3 wählt ein Bild aus der Mittelleiste aus, nennt es laut und legt ein Plättchen darauf. Die beiden anderen wählen das Bild auf ihrer Spielvorlage mit dem selben Anlaut und legen ein Plättchen darauf. Wer zuerst eine waagrechte oder senkrechte Reihe belegt hat, ruft „Bingo!“.

1

L a  e   e

L a   e

A 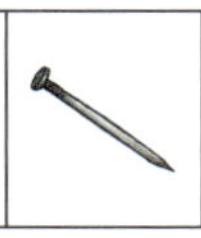  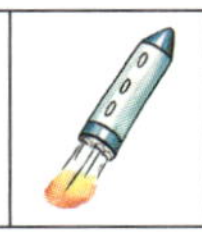 a 

A 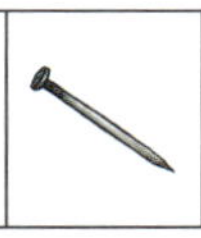 a  a 

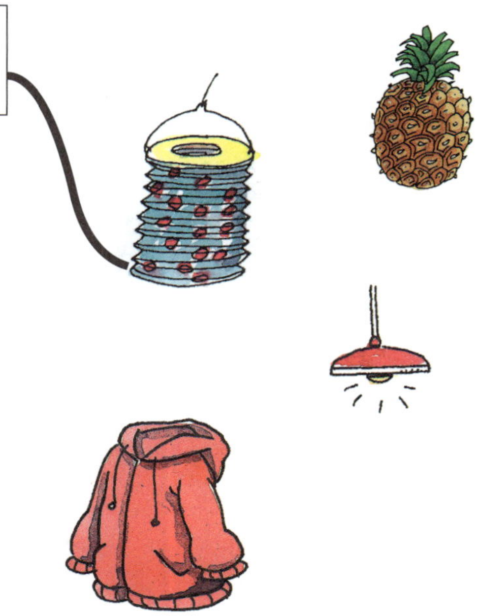

2

A
a

Alle
Lamas aßen
am Abend
artig Ananas.

Alberne Affen
hangeln
am Apfelbaum-
Ast.

3

 ☐ ☐ ☐

 ☐ ☐ ☐ ☐

 ☐ ☐ ☐

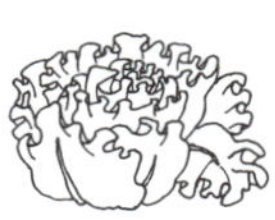 ☐ ☐ ☐ ☐ ☐

1 Lesen und verbinden. **2** Buchstaben einkreisen, als Sprechübung verwenden. Als Lesetext nur für Kinder einsetzen, die schon lesen können! **3** Wörter schreiben.

Aa

1

X

A a

2

1 Stellung des Lautes im Wort ankreuzen.
2 Hasen und Möhren suchen und farbig ausmalen.

Ss

1

2

1 2 Schreiben.

Ss

1

Ss

2

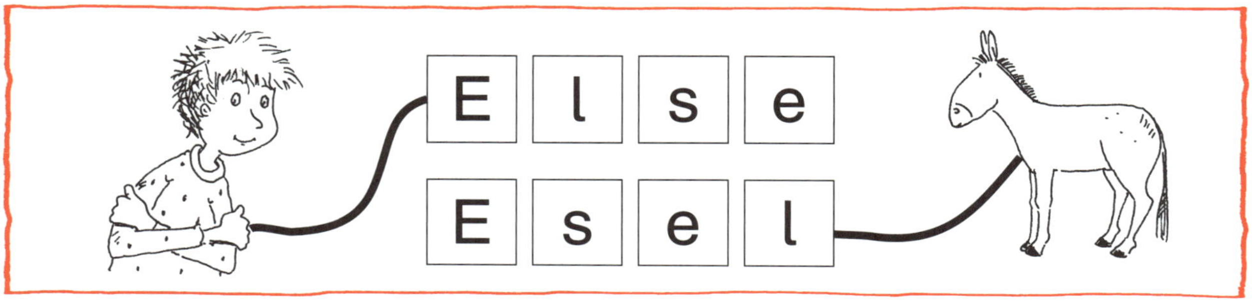

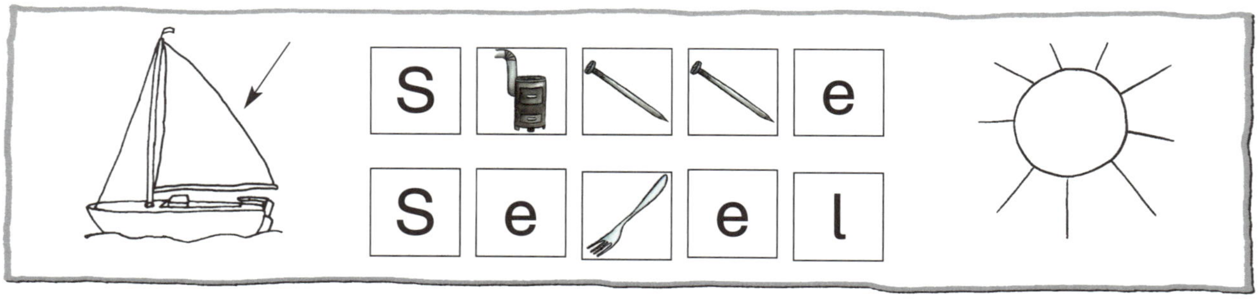

1 Stellung des Lautes im Wort ankreuzen.
2 Wörter schreiben. Bild mit dem richtigen Wort verbinden.

Nn

1

Nn

2

Nena

Nena
Nen
Ne
N
Na
Nas
Nase

Nase

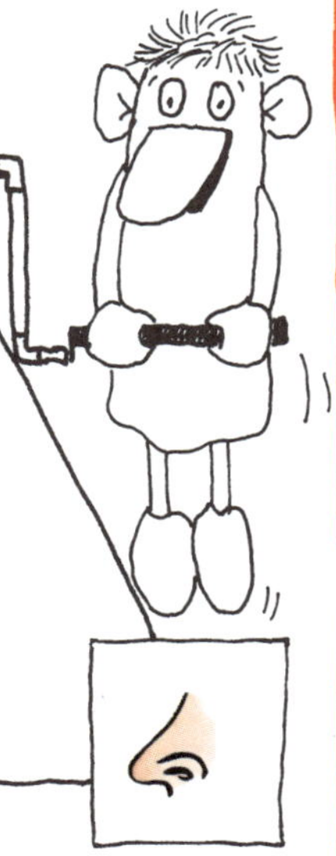

Else

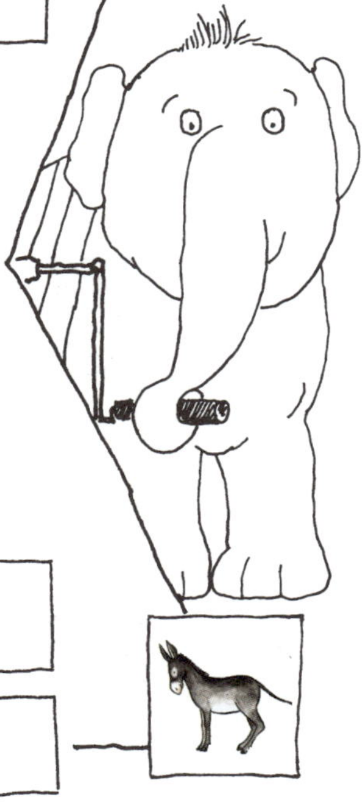

1 Stellung des Lautes im Wort ankreuzen.
2 Wörter ab- und aufbauen.

- ⚀ A
- ⚁ S
- ⚂ L
- ⚃ N
- ⚄ E
- ⚅ = freie Wahl

Würfelspiel für 2–4 Kinder:
Jedes Kind hat einen Spielplan. Auf das Bild mit dem gewürfelten Anlaut wird ein Plättchen gelegt. Wer zuerst 10 Bilder belegt hat, hat gewonnen. Bei der Zahl 6 freie Wahl.

Wie sieht es im Haus aus? Wer wohnt darin? Bild ausgestalten.

E	n	l	S
a	e	A	l
s	L	e	n
N	s	a	N

S	a	N	e
e	n	E	s
N	a	n	l
s	L	l	A

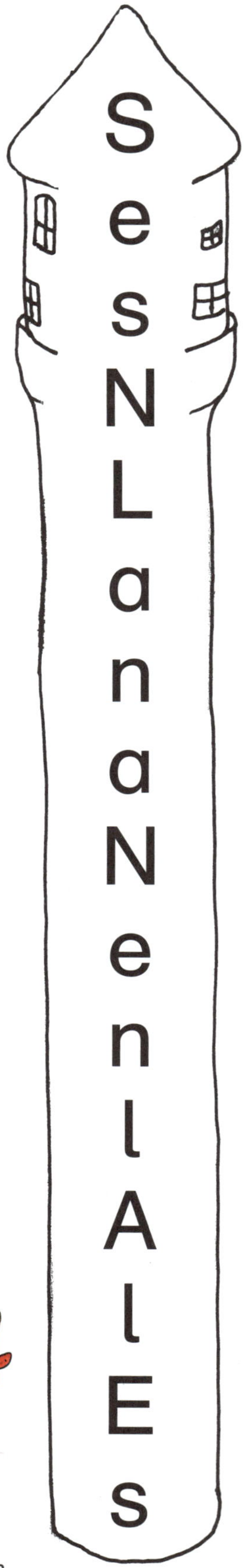

Bingo für 3 Kinder:
Kind 1 spielt im blauen Feld, Kind 2 im roten Feld. Kind 3 wählt die Buchstaben aus dem Turm, nennt den Laut (groß oder klein) und markiert die vorgelesenen Buchstaben mit Plättchen. Die beiden anderen legen ein Plättchen auf den entsprechenden Buchstaben in ihrer Spielvorlage. Wer zuerst eine waagrechte oder senkrechte Reihe belegt hat, ruft „Bingo!".

Rr

1

Rr

2

Ras	se	→
Na	sel	→
Ana	nas	→

3

Ses	la	→
Sel	ra	→
Ne	sel	→

1 Stellung des Lautes im Wort ankreuzen.

2 3 Silben verbinden und Wort aufschreiben.

Rr

1

Rassel

Nase

Nera

Sella

Sessel

Ele

2

Rse

Rae

esser

Ler

rlle

Ar

1 **2** Zu den Wörtern Bilder malen.

Mm

1

Sa | ma →

Ma | men →

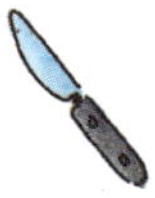

Mes | ser →

2

Am | se →

La | sel →

Na | ma →

3

☐ Lasse am Meer

☐ Anna am Meer

☐ Nera am Meer

☐ Nera am Sessel

1 **2** Silben zu Wörtern verbinden. Wörter schreiben.

3 Das Richtige ankreuzen.

Würfelspiel für 2–3 Kinder:
Zum passenden Bild oder Wortanfang vor- oder zurückspringen. Auf Leerfeldern wird ausgeruht.

I i

1

im
am

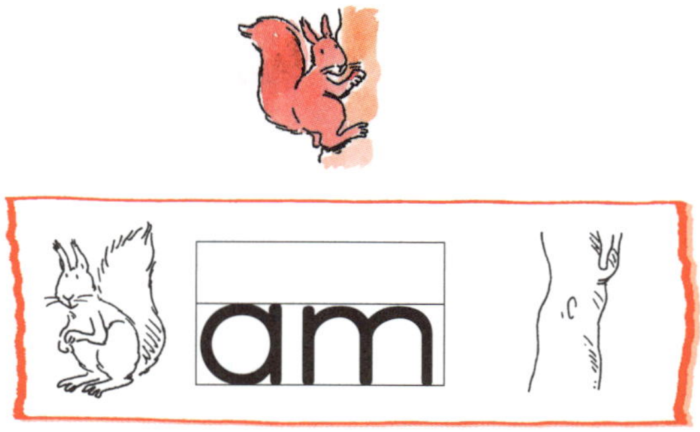

2

Insel im Meer

Lea im See

Nera im Sessel

1 Die Wörter im oder am passend zum Bild im Kreis eintragen.
2 Schreiben.

I i

1

- ☐ Ele im All
- ☐ Ele im Sessel
- ☐ Ele am See

- ☐ Insel im Meer
- ☐ Amsel im Rasen
- ☐ Esel im Arm

- ☐ Namen am Arm
- ☐ Rassel am Arm
- ☐ Riss im Sessel

2

	Am	ma	→
	La	sel	→
	Ana	sel	→
	In	nas	→
	Na	se	→

1 Lesen und ankreuzen.
2 Silben verbinden. Wörter ganz aufschreiben.

1

2

1 Sieben Unterschiede finden und markieren.

2 Sieben Sachen zeichnen, mit denen der Koch jongliert.

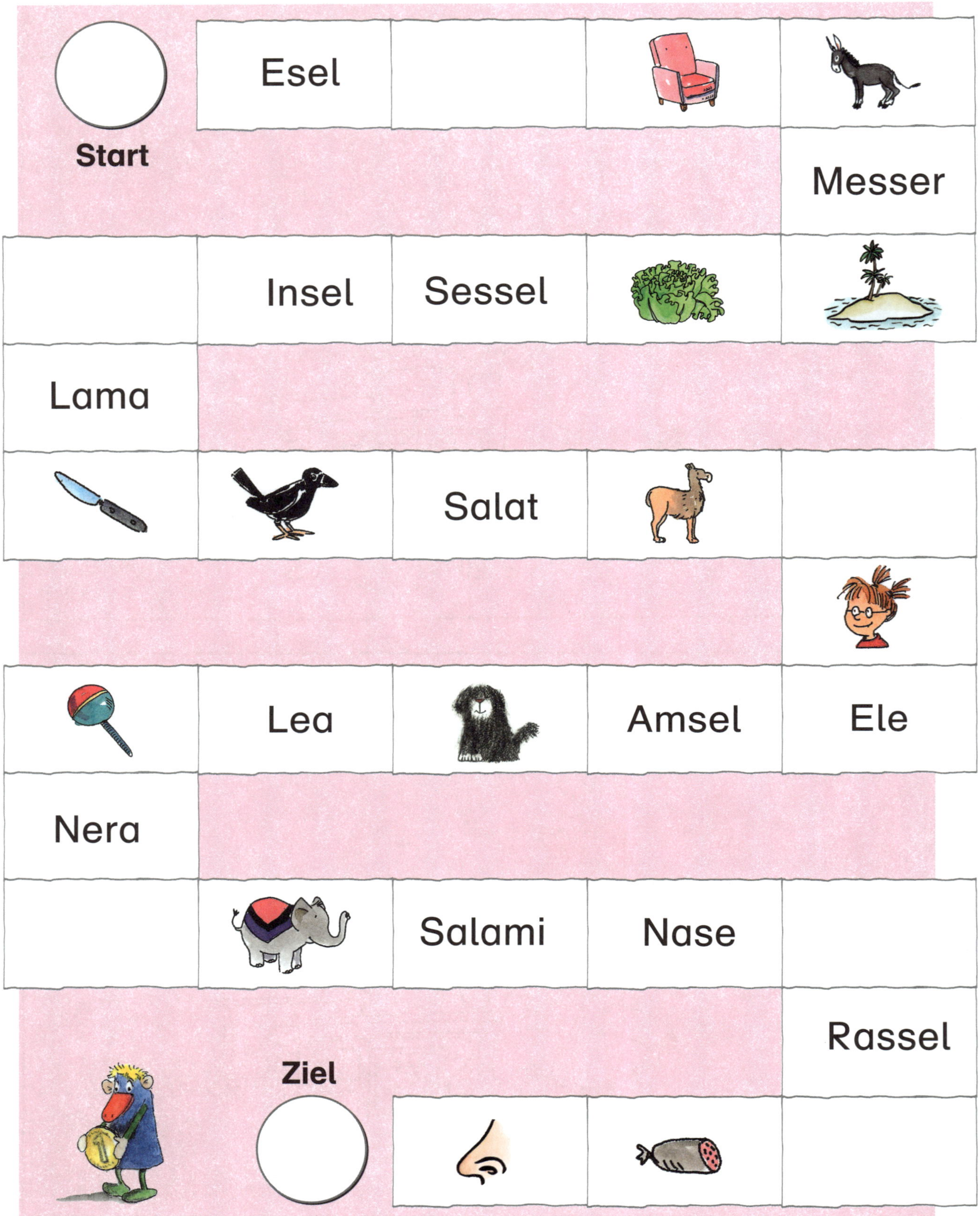

Ein Würfelspiel für 2–4 Kinder:
Gezogen wird vom Bild zum Wort und vom Wort zum Bild. Auf Leer-Feldern wird ausgeruht.

Oo

1 **2**

 Rol	se	→
 Na	ler	→
 Line	al	→
 Melo	sel	→
 Ro	ne	→
 In	se	→

3

Ele✓ Rose Roller
Lea Sonne Nase

Ele

1 **2** Silben verbinden, Wörter schreiben.
3 Wörter schreiben.

Oo

1

2

☐ 2 Amseln rennen im Rasen.

☐ 2 Esel rennen im Rasen.

☐ 3 Omas rollen los.

☐ 3 Roller rollen los.

3

Insel Messer Esel

Melone Lolli Lineal

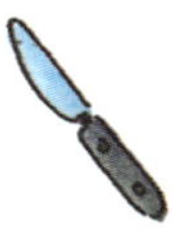

1 Wörter lesen, dann malen **2** Passenden Satz ankreuzen.
3 Wörter schreiben.

Tt

1

Sala — s i t

Salat

As — l t r

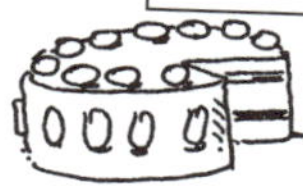

Tort — e i l

2

T S M — ama

i e t — oll

r a m — ot

3

 Sa	te	→	☐☐☐☐☐
 Tin	lami	→	☐☐☐☐☐☐
 Tor	mel	→	☐☐☐☐☐☐☐
 Trom	te	→	☐☐☐☐☐

4

 To	lo	te	→	☐☐☐☐☐☐
 Me	ma	ne	→	☐☐☐☐☐☐

1 **2** Verbinden und dann schreiben.
3 **4** Silben verbinden. Wort schreiben.

1

- [ ] Melone im See
- [ ] Melone im Rasen

- [ ] Tomate im Sessel
- [ ] Tomate am Ast

- [ ] Rose im Nest
- [ ] Amsel im Nest

- [ ] 2 Esel rennen mit Ele.
- [ ] 2 Esel rennen mit Lea.

- [ ] Oma malt mit Tinte.
- [ ] Olli malt mit Tinte.

2

O  a r  t e t

   n e m

 r  n e n  a m e l .

3

 a  a  i l m t

 n  r  n e s

 r o  o  i l .

1 Ankreuzen, was zum Bild passt.
2 **3** Sätze vervollständigen, dazu Bilder malen.

© Diesterweg 3-425-11081-0

1

F – est / not / orm → Fest, Form

F – ilm / oto / amt →

F – ell / not / ass →

f – allen / nillen / ressen →

2

F f

1 Wörter verbinden und schreiben.
2 Alle F grün und alle f rot ausmalen.

Ff

1 ☒

☐ Lea lernt falten mit Mama.
☐ Lea lernt falten mit Lasse.

☐ Am Telefon ist Esel Sella.
☐ Am Telefon ist Affe Fiffi.

☐ Affe Fiffi filmt Ele.
☐ Affe Fiffi frisst Ele.

2

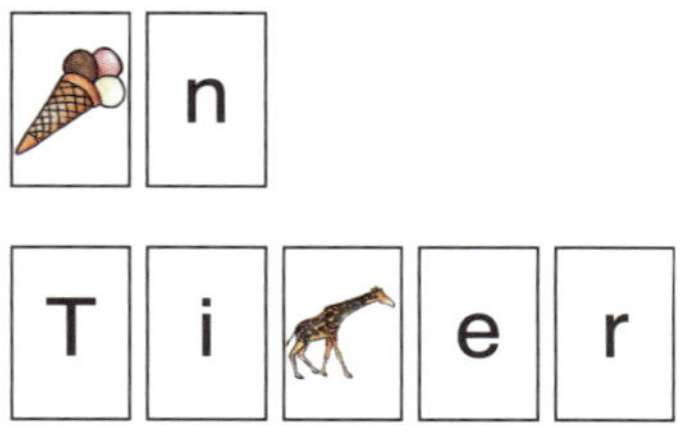

3

1 Passenden Satz ankreuzen.
2 **3** Bilder malen.

Sich selbst mit Freundin oder Freund malen.

Würfeln, dann Lückenwort lesen! Den fehlenden Buchstaben mit Buntstift eintragen. Jedes Kind hat eine andere Farbe. Wer die meisten Buchstaben eintragen konnte, hat gewonnen.

Kk

1

☐ Lasse klettert am Koffer.

☐ Lasse klettert am Kasten.

☐ Lea malt Kronen.

☐ Lea malt Kamele.

2

Kran

Kanne

Koffer

Kiste

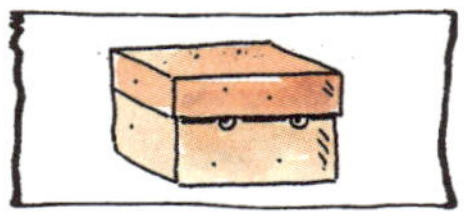

3

Kamel

Maske

Kamm

Krone

1 Zum Bild passenden Satz ankreuzen. **2** **3** Wort mit passendem Wortumriss und Bild verbinden. Wörter eintragen.

1

ck

ck

Reck

kicken

2 Zicke, zacke, Kringel und kecke Locken,

ck ticke, tacke, rosarote Ringel-Socken.

3

Nicki ✓	kickt	ins	Tor

Nicki ______ i ______ .

Nicki	klettert	Reck.	am

N ______ ______ R ______ .

1 Schreiben. 2 ck einkreisen. Als Lesetext nur für Kinder geeignet, die schon lesen können.
3 Sätze richtig aufschreiben.

Ei ei

1

Eier Eis Seil Eimer Leiter

2

ein Teller mit Reis

3 rote Eier im Nest

Tom isst ein Eis.

1 Weg vom Bild zum Ausgang finden. Wort schreiben.
2 Malen.

	Ameise		

Ameise✓ Kreis Seife Eis allein Seil Teil Reis Eimer

mein Meise fein Reiter Reifen Reise nein

Bingo:
Zur Vorbereitung des Spiels die Wörter an beliebige Plätze schreiben. Zwei Kinder spielen, ein drittes liest vor und markiert die vorgelesenen Wörter. Die beiden spielenden Kinder legen Plättchen auf die Wörter.

U u

1

U u

2

Lasse ✓	toll	tutet	im Takt.

Lasse tu

Uta	leise.	summt

Uta

toll.	Suna	rasselt

1 Stellung des Lautes im Wort ankreuzen.
2 Sätze bilden und aufschreiben.

U u

1

2

sum	ten	→
tu	seln	→
ras	men	→ summen

3

ein Kaktus am Fenster

5 rote Murmeln im Teller

1 Passenden Buchstaben einkreisen. **2** Silben verbinden und Wort aufschreiben.
2 Lesen und malen.

Planeten mit Glanzpapier auskleben, bunte Sterne in den Nachthimmel kleben.

STERNE

Spielmaterial:
Würfel und 2 Spielsteine, je 10 rote und blaue Plättchen.

Spielanleitung:
Spielstein auf ein Sternen-Feld setzen. Würfeln und ziehen. Ein Wort mit gleichem Anfang nennen, für eine richtige Lösung ein Plättchen ablegen. Gewonnen hat, wer zuerst seine Plättchen ablegen konnte.

Hh

1 Hans hat einen Hasen.
Sein Name ist Hasi.
Hasi hat eine rote Hose.
Hasi hat einen lila Hut.

(H) (h)

Male Hasi.

2

HIMMEL

ELEFANT

HUT

ESEL

HOSE

3

Hase

Hecke

holen

1 H, h einkreisen. Text lesen und dazumalen. **2** Bilder und Wörter zuordnen, das Rätsel mit den Wörtern ausfüllen. **3** Schreiben.

St st

1

St st

2

Am Himmel	steckt ein Stock.
Ein Stuhl	steht ein Stern.
Im Stiefel	steht am Stall.
Eine Leiter	steht am Fenster.

1 Bilder ankreuzen, die den Laut enthalten.
2 Satzteile passend zum Bild verbinden.

Dd

1 Doris hat eine Dose.
Die Dose hat drei Sterne.
Der Deckel ist rot.
In der Dose sind Kekse.

2 Der dicke Drache Dono darf mit dem Dino drei Runden auf dem Dreirad drehen. Das finden Dono und Dino wunderbar.

3

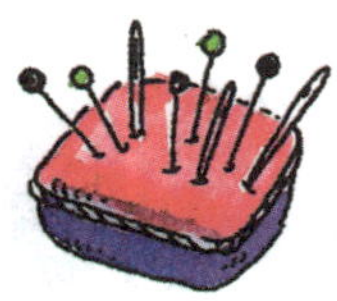

- ☐ Dose mit Dino
- ☐ Dose mit Dackel
- ☐ Dose mit Dame

- ☐ Nadeln an der Tanne
- ☐ Nudeln in der Suppe
- ☐ Nadeln im Kissen

4

Dackel

Radio

drei

1 Text lesen und dazu malen. **2** D, d einkreisen. Als Lesetext nur für Kinder einsetzen, die schon lesen können. **3** Ankreuzen, was stimmt. **4** Schreiben.

Dd

1

2

3

KINDER
INDIANER
DOSE
RADIO
MOND
DROMEDAR
FEDER
KALENDER
NADEL

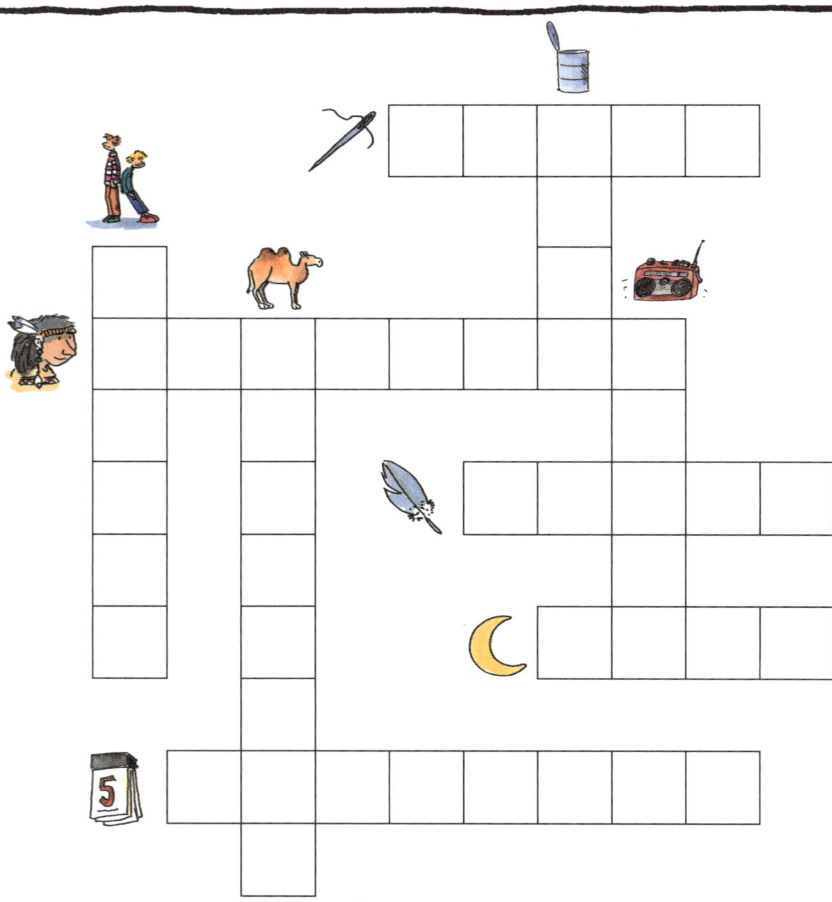

1 **2** Wörter bilden und aufschreiben.
3 Bilder und Wörter zuordnen, das Rätsel mit den Wörtern ausfüllen.

ch

1

ch

ch

ich

ach

Nacht

2

Dach, Kuchen, Licht, Knochen,
Koch, Milch, Acht, Drachen.

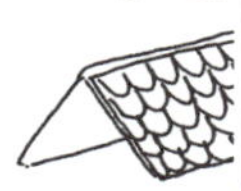

1 Schreiben.
2 Wörter zum Bild schreiben.

ch

1

X

ch

2

(ch)

Es krachen in der dunklen Nacht
acht Drachen auf das Dach.
Der Koch wird wach,
macht Licht und lacht.

3

acht

Licht

lacht

leicht

1 Stellung des Lautes im Wort ankreuzen. 2 ch einkreisen.
3 Schreiben.

Was denken die Rehe?

Die Spuren verfolgen: Quiesel sieht 4 Tierspuren, Tiernamen aufschreiben.
Würfelspiel: Von Kreis zu Kreis hüpfen. Bei Leerfeldern darf man nicht hinausgeworfen werden.

Sch sch

1

Sch
sch

Sch

sch

Schnee

schnell

2 Im Sch nee-Schloss schleicht ein
schöner schlauer Eis-Fuchs.

Sch sch

3

☐ Ein Eis-Fuchs schleicht sich an.

☐ Ein Eis-Fuchs hat einen Traum.

☐ Unter einem Strauch hocken 2 Schnee-Hasen.

☐ Unter einem Strauch hocken 3 Schnee-Hasen.

1 Schreiben. 2 Sch und sch einkreisen. Als Leseübung nur für Kinder einsetzen, die schon lesen können.
3 Den passenden Satz ankreuzen.

Sch sch

1

Sch
sch

2 Reime mit:

Schnee✓, schnell, Tisch, Schal, Schale, Schlaf, schneien, schauen, Flasche, Schuh.

Tee –	Schnee	Kuh –	
Fisch –		Tal –	
hell –		Tasche –	
schreien –		kauen –	
male –		Schaf –	

1 Stellung des Lautes im Wort ankreuzen.
2 Reimwörter eintragen, verwendete Wörter abhaken.

1

Ig

mo

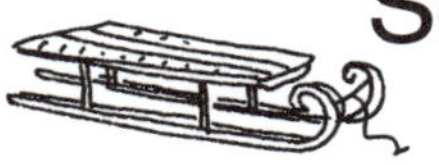

Schlit

lu

ki

Es

ten

2

Schlitt

stock

Ren

schuh

Schi

tier

3

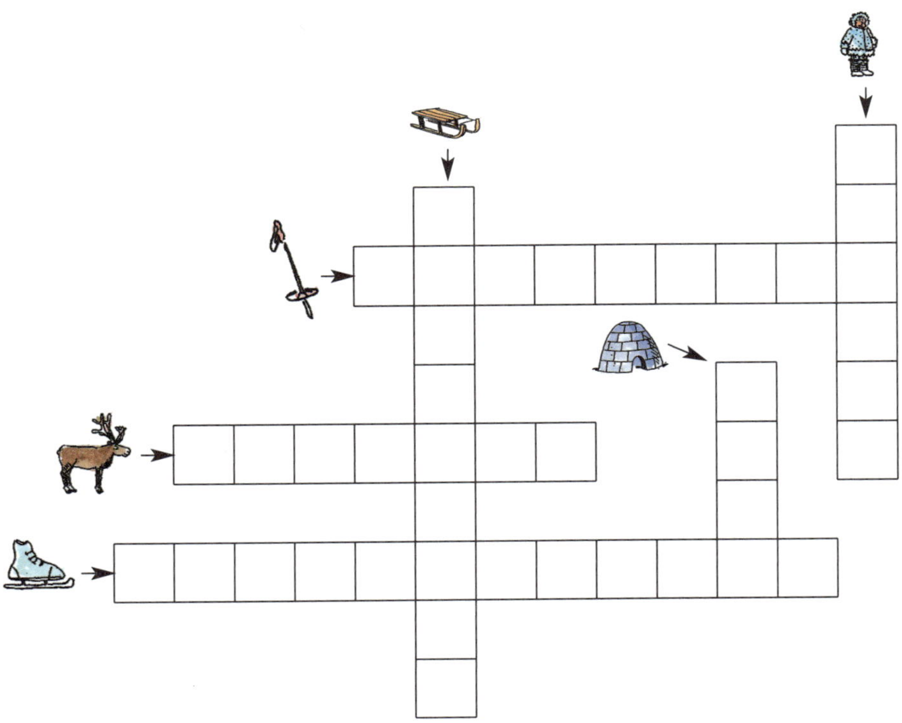

1 **2** Silben zu Wörtern verbinden, Wörter schreiben.

3 Rätselwörter von Aufgabe 1 und 2 einsetzen.

Gg

1

- ☐ Nome steht am Iglu.
- ☐ Nome steht im Iglu.

- ☐ Nome liegt auf einem Schlitten.
- ☐ Nome liegt unter einem Schlitten.

- ☐ Ein Iglu ist aus Schnee.
- ☐ Ein Iglu ist aus Gras.

- ☐ Nome macht eine Schnee-Frau.
- ☐ Nome macht einen Schnee-Mann.

2

G X G E H E I M →
M I G L U G P R →
A F O G E I G E →
R G E I S T N M →
G A F G R A S G →
O I G L O C K E →
A U G E X A E T →
T G E G E N D O →
L G E H E G E T →

1 Ankreuzen, was stimmt.
2 Wörter mit G einkreisen und aufschreiben.

Pp

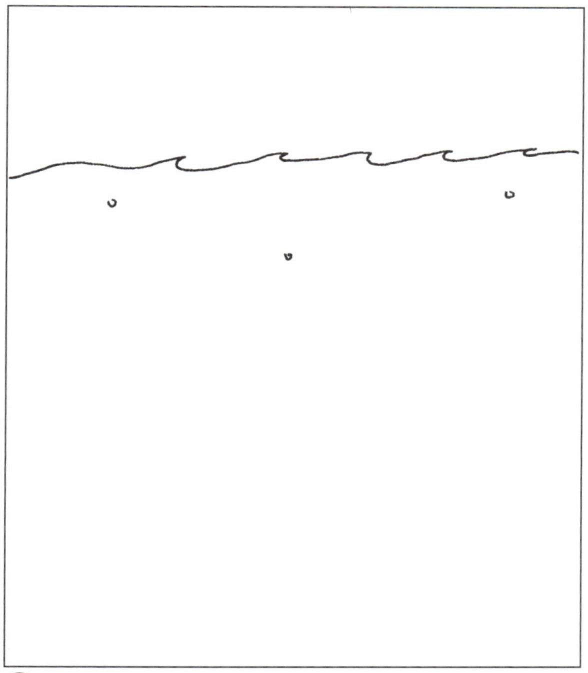

⑧

Pingu spielt mit Pinga im Wasser.

Male Pingu mit Pinga.

Pingu-Malbuch

NAME: ____________________

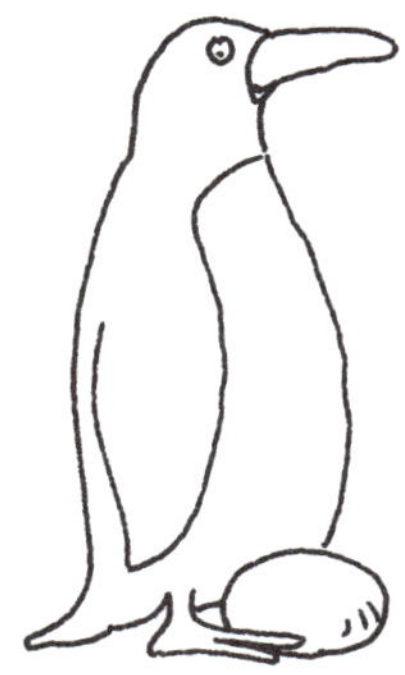

①

Pinguin Pingu ist noch im Ei.

Male Pingus Papis Frack an.

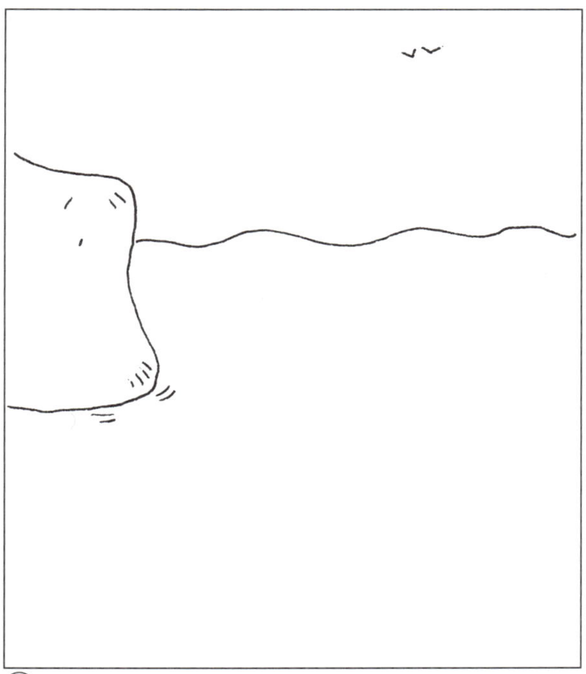

④

Pinguin Pingu springt ins Wasser.

Male Pingu.

⑤

Pinguin Pingu taucht. Er sieht Fische.

Male die Fische.

Beide Blätter ausschneiden, falten und malen.

(2)

Pinguin Pingu kuschelt sich an seine Mutti.

Male Pingus Mutti an.

(7)

Pinguin Pingu trifft Pinguin Pinga.

Male Pinguin Pinga.

(6)

Pinguin Pingu isst einen Fisch.

Male Pingu mit Fisch.

(3)

Pinguin Pingu ist nicht mehr klein.
Er liegt auf einer Eis-Scholle.

Male Pingu.

Was denken die beiden Hunde?

Lese-Spiel für 2 Kinder

2 Steige auf einen Stuhl.
Rufe 3-mal Miau!

3 Krieche unter einen Tisch.
Sage leise: Hier ist es kalt!

4 Gehe als Storch
um einen Tisch.

5 Nimm einen Schuh.
Halte ihn hoch.

6 Krieche unter einen Stuhl.
Sage:
So eine tolle Aussicht!

7 Stelle eine Tasche
ans Fenster.

8 Hole ein Lineal.
Lege es ins Regal.

9 Gehe ans Fenster.
Summe leise.

10 Klatsche 2-mal.
Sage: Mmh!
Spinat esse ich so gerne!

11 Lege einen Pinsel
ans Fenster.

12 Schau auf eine Uhr.
Sage: Gute Nacht!

Spiel mit zwei Würfeln:
Es darf nur leise gelesen werden. Ein Kind würfelt die Nummer eines Auftrags, das andere Kind liest diesen Auftrag still und führt ihn aus. Danach wird gewechselt.
Variation: Ein Kind tut etwas, das andere sucht die passende Nummer.

1

Ende gut – alles gut!

Male Bello auf Sabines Arm.

8

Bello und Sabine

Name: ______________________

1

Das Tor steht offen.
Schnell geht er hinaus.

Male Bello.

4

Bello geht durch die Stadt.

Male Autos, die halten.

5

1 Doppelseiten ausschneiden. **2** Falten und beide Hälften als Buch ineinander legen.
3 Text lesen. **4** Bildgeschichte ergänzen.

Bb

1

Bello ist allein.
Er denkt an Sabine.

Male Sabine.

2

Die Kinder haben Pause.
Sie sind auf dem Hof.
Sabine ist auch da.

Male die Kinder.

7

Er kommt an das Schultor.
Hier riecht es nach
Sabine!, denkt er.

Male die Schule.

6

Bello trottet durch den
Garten.

Male den Garten.

3

Ww

1

2

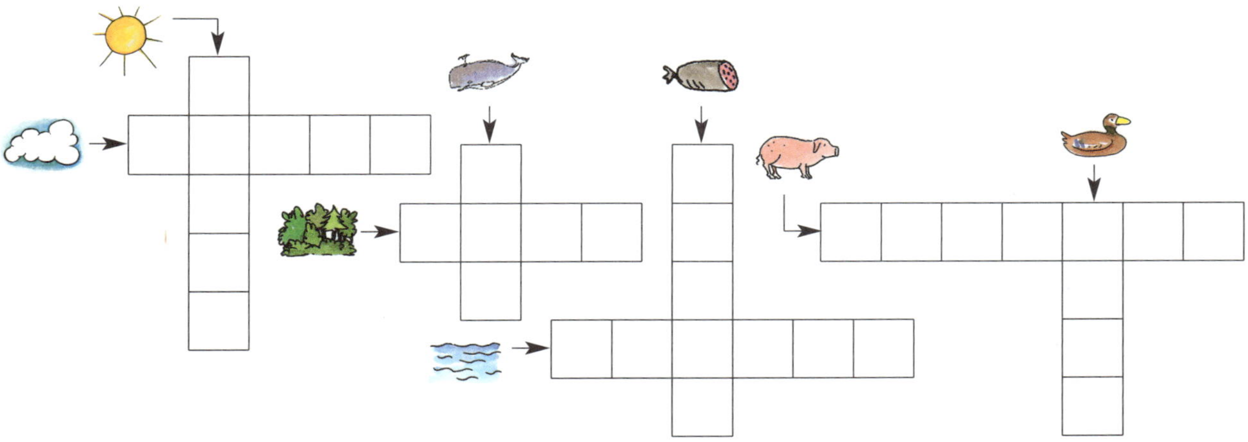

3

- ☐ Enten schwimmen auf dem Weg.
- ☐ Enten schwimmen in der Wiese.
- ☐ Enten schwimmen auf dem Wasser.

- ☐ Watschel will drei Eier legen.
- ☐ Watschel will ein Ei legen.
- ☐ Watschel will ein Eis legen.

- ☐ Die Ente legt die Eier ins Gras.
- ☐ Die Ente legt die Eier in die Sonne.
- ☐ Die Ente legt die Eier in das Nest.

1 Wörter abtrennen. **2** Rätsel lösen, Wörter in der Schlange abhaken.
3 Ankreuzen, was stimmt.

1

ß

ß

groß

2 Was ist das?

Es ist gro☐,
es ist grau:

Es ist wei☐,
es ist aus Stoff:

Es ist hell,
es ist hei☐:

Es schwimmt, man
kann damit fahren:

3 Reime mit: Floß, Fuß, gießen, heiß.

groß –

Gruß –

weiß –

fließen –

1 Schreiben. **2** ß eintragen, Rätsel lösen, Wörter abhaken.
3 Reimwörter eintragen, verwendete Wörter abhaken.

Suche die Kinder. Schaue auch im Buch auf Seite 68 nach.

① Wo ist das Kind mit Schnuller?

auf dem Dach T

auf dem Balkon D

② Wo ist das Kind mit dem Kater?

in der Badewanne U

im Schlafraum O

③ Wo ist das Kind mit der Schleife im Haar?

am Fenster im Treppenhaus M

auf dem hinteren Balkon L

④ Wo ist das Kind mit den beiden Ballons?

auf dem Dach neben der Antenne L

an der Leiter neben dem Fahrer M

①	②	③	④

Die Kinder sagen: Unser Wohnmobil ist ____ !

Die zutreffenden Buchstaben in die Lösungskästchen eintragen.

ERFINDUNGEN

Ergebnis: ______________________________

Wörter zu den nummerierten Bildern in die Kästchen schreiben.
Die Anfangsbuchstaben ergeben die Lösung.

Ää Öö Üü Äu äu

1

Ä a

Ö ö

Ü ü

2 Trage ein: bläst, düst, fädelt, lässt, hält

Eva ______ die Schnur durch den Trinkhalm.

Lasse ______ die Schnur straff.

Eva ______ den Luftballon auf.

Eva ______ den Ballon los.

Der Ballon ______ ab.

1 Bilder mit den entsprechenden Umlauten markieren.
2 Passende Verben einsetzen.

Ää Öö Üü Äu äu

1

☒ Äu äu

2 Hokus pokus Käferlein,
wo P☐nktchen sind, ist vieles klein.

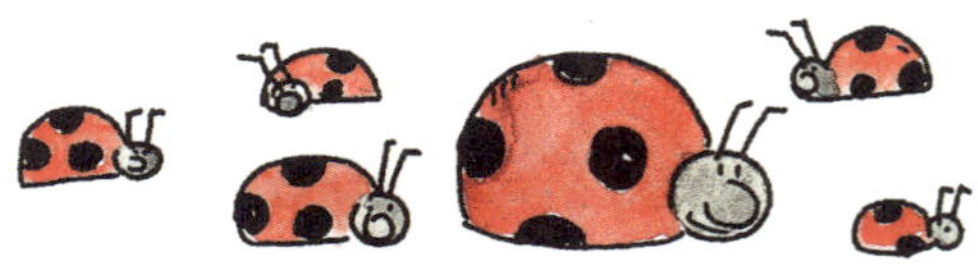

☐ffchen	L☐mpchen	H☐slein
B☐chlein	☐hrchen	T☐pfchen
Fr☐schlein	H☐ndchen	☐hrchen
H☐slein	M☐slein	Str☐ßlein

3 Eins – mehrere

1 Topf	2 M☐se
1 Maus	2 ☐fen
1 Ofen	2 T☐pfe
1 Haus	2 F☐ße
1 Fuß	2 H☐ser

1 Apfel	2 G☐nse
1 Nuss	2 Str☐ße
1 Gans	2 ☐pfel
1 Kopf	2 N☐sse
1 Strauß	2 K☐pfe

1 Bilder ankreuzen, die den Laut enthalten. **2** Passenden Um- oder Zwielaut einsetzen.
3 Paare verbinden und passenden Um- oder Zwielaut einsetzen.

Sich selbst beim Lieblingssport malen.

Würfelspiel für 2–3 Kinder:
Vom Bild zum Wort vor- bzw. zurückspringen. Auf Leerfeldern wird ausgeruht.

1

2

1 Im linken Bild sieben Unterschiede markieren.

2 Im rechten Bild die richtigen Felder blau, gelb, rot, grün anmalen.

Würfel-Spiel für 2–4 Kinder
Zugrichtung ist frei wählbar; es darf abgebogen werden. Jeweils entscheiden, ob einer der Buchstaben im abgebildeten Wort vorkommt. Diesen Buchstaben abdecken. Das Spiel ist aus, wenn in 5 Feldern 2 Buchstaben abgedeckt sind.